Impressum
Verlag: BABADADA GmbH, Nedderfeld 112 , 22529 Hamburg
Geschäftsführer / Verlagsleitung: Harald Hof
Druck: Books on Demand GmbH, In de Tarpen 42, 22848 Norderstedt

Imprint
Publisher: BABADADA GmbH, Nedderfeld 112 , 22529 Hamburg, Germany
Managing Director / Publishing direction: Harald Hof
Print: Books on Demand GmbH, In de Tarpen 42, 22848 Norderstedt, Germany

AF187066

kool
skola

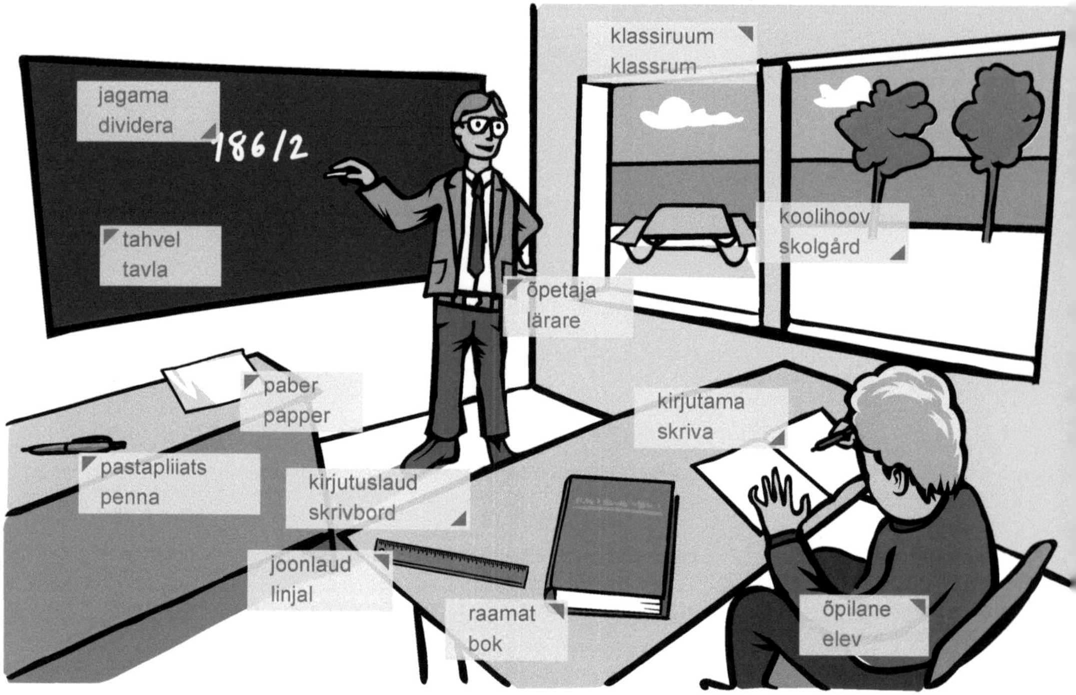
klassiruum
klassrum
jagama
dividera
186/2
tahvel
tavla
koolihoov
skolgård
õpetaja
lärare
paber
papper
kirjutama
skriva
pastapliiats
penna
kirjutuslaud
skrivbord
joonlaud
linjal
raamat
bok
õpilane
elev

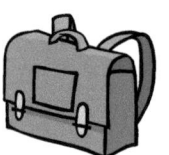

koolikott

skolväska

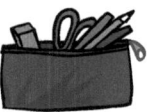

pinal

pennfodral

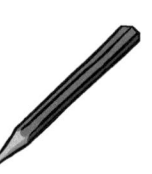

harilik pliiats

blyertspenna

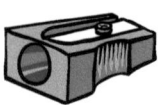

pliiatsiteritaja

pennvässare

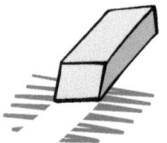

kustukumm

suddgummi

joonistusplokk

ritblock

joonistus

teckning

pintsel

pensel

värvikarp

målarlåda

käärid

sax

liim

lim

töövihik

övningsbok

kodutöö

hemläxa

number

tal

liitma

addera

lahutama

subtrahera

korrutama

multiplicera

arvutama

räkna

täht

bokstav

tähestik

alfabet

hello

sõna

ord

tekst

text

lugema

läsa

kriit

krita

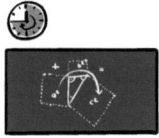

koolitund

lektion

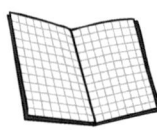

klassipäevik

register

eksam

prov

tunnistus

intyg

koolivorm

skoluniform

haridus

utbildning

entsüklopeedia

uppslagsverk

ülikool

universitet

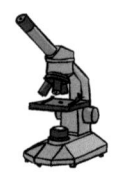

mikroskoop

mikroskop

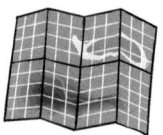

kaart

karta

paberikorv

papperskorg

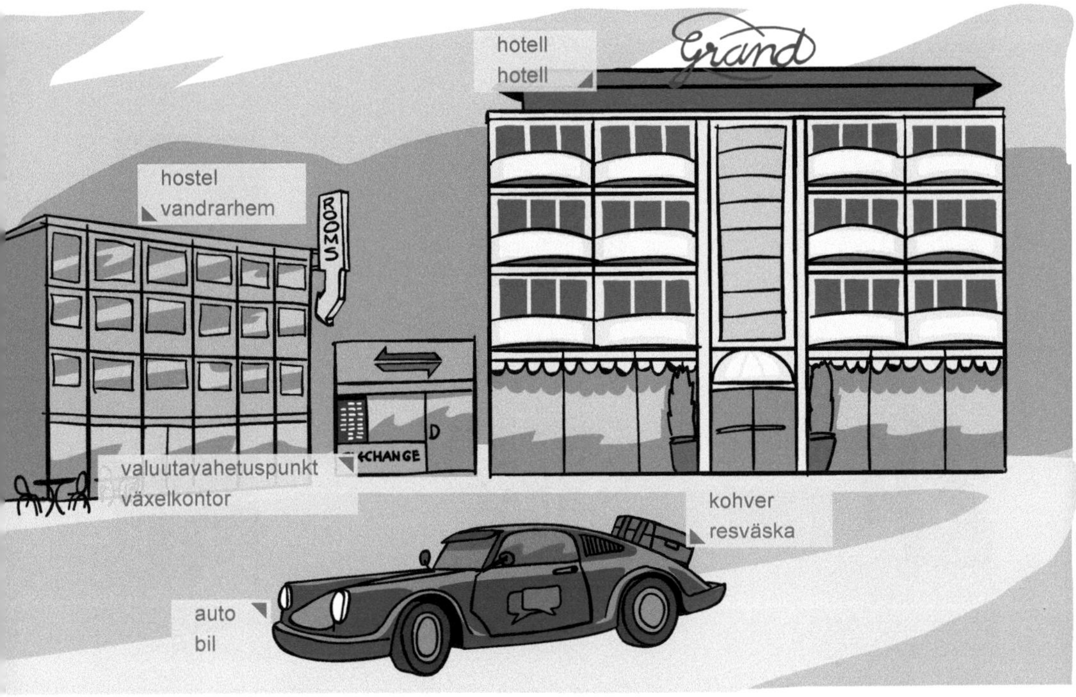
hotell
hotell
Grand
hostel
vandrarhem
ROOMS
valuutavahetuspunkt
växelkontor
EXCHANGE
kohver
resväska
auto
bil

keel
språk

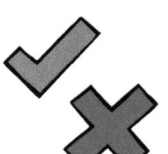

jah / ei
ja / nej

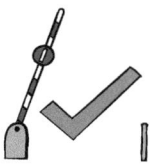

okei
Okay

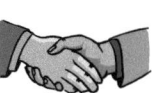

Tere!
hej

tõlk
översättare

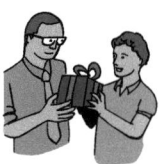

Aitäh!
Tack

Kui palju maksab …?

hur mycket kostar…?

Ma ei saa aru

jag förstår inte

probleem

problem

Tere õhtust!

God kväll!

Tere hommikust!

God morgon!

Head ööd!

God natt!

Head aega!

hejdå

suund

riktning

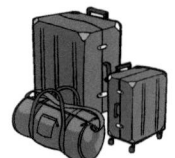

pagas

bagage

kott

väska

seljakott

ryggsäck

külaline

gäst

tuba

rum

magamiskott

sovsäck

telk

tält

turismiinfo

turistinformation

rand

strand

krediitkaart

kreditkort

hommikusöök

frukost

lõunasöök

lunch

õhtusöök

middag

pilet

biljett

lift

hiss

postmark

frimärke

riigipiir

gräns

toll

tull

saatkond

ambassad

viisa

visum

pass

pass

transport

transport

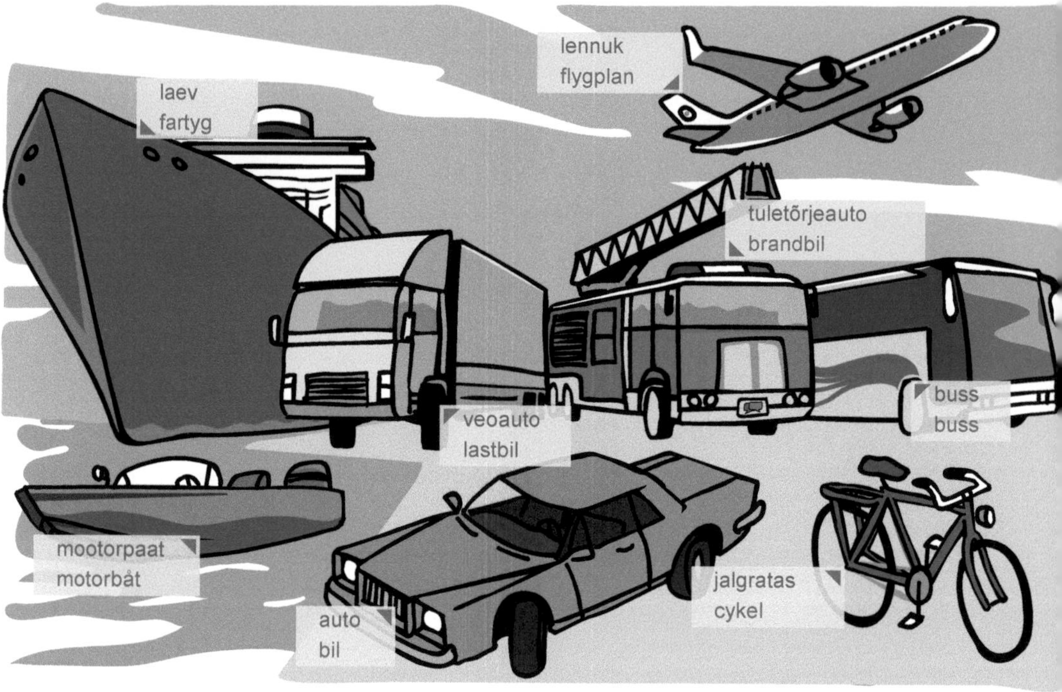

lennuk
flygplan
laev
fartyg
tuletõrjeauto
brandbil
buss
buss
veoauto
lastbil
mootorpaat
motorbåt
jalgratas
cykel
auto
bil

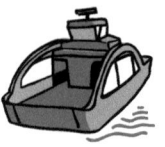

praam

färja

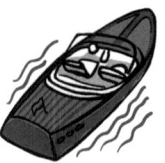

paat

båt

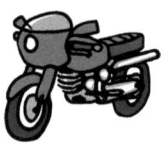

mootorratas

motorcykel

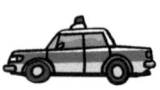

politseiauto

polisbil

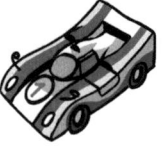

võidusõiduauto

racerbil

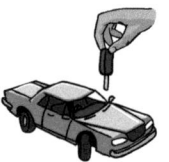

rendiauto

hyrbil

ühisauto

bilpool

puksiirauto

bärgningsbil

prügiauto

sopbil

mootor

motor

kütus

bränsle

tankla

bensinstation

liiklusmärk

vägmärke

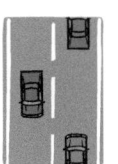

liiklus

trafik

liiklusummik

bilkö

parkla

parkeringsplats

raudteejaam

tågstation

rööpad

räls

rong

tåg

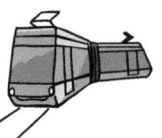

tramm

spårvagn

vagun

vagn

helikopter
helikopter

lennujaam
flygplats

torn
torn

reisija
passagerare

konteiner
container

pappkast
kartong

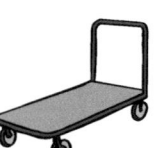

käru
vagn

korv
korg

õhku tõusma / maanduma
starta / landa

linn

stad

küla
by

kesklinn
centrum

maja
hus

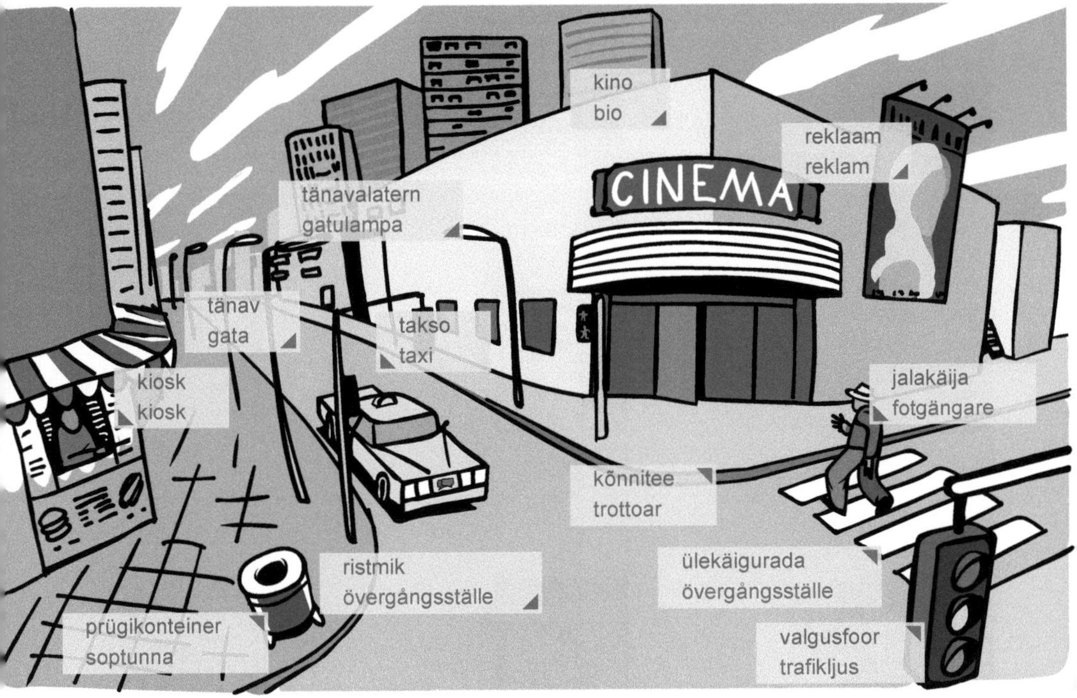

kino
bio

reklaam
reklam

tänavalatern
gatulampa

CINEMA

tänav
gata

takso
taxi

kiosk
kiosk

jalakäija
fotgängare

kõnnitee
trottoar

ristmik
övergångsställe

ülekäigurada
övergångsställe

prügikonteiner
soptunna

valgusfoor
trafikljus

osmik

stuga

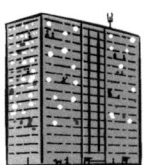

kortermaja

lägenhet

raudteejaam

tågstation

raekoda

stadshus

muuseum

museum

kool

skola

ülikool

universitet

pank

bank

haigla

sjukhus

hotell

hotell

apteek

apotek

kontor

kontor

raamatupood

bokhandel

kauplus

affär

lillepood

blomsterbutik

supermarket

stormarknad

turg

marknad

kaubamaja

varuhus

kalapood

fiskhandlare

kaubanduskeskus

köpcentrum

sadam

hamn

park
park

pink
bänk

sild
brygga

trepp
trappa

metroo
tunnelbana

tunnel
tunnel

bussipeatus
busshållplats

baar
bar

restoran
restaurang

postkast
brevlåda

tänavasilt
gatuskylt

parkimisautomaat
parkeringsautomat

loomaaed
zoo

ujula
simbassäng

mošee
moské

talu
bondgård

reostus
förorening

surnuaed
kyrkogård

kirik
kyrka

mänguväljak
lekplats

tempel
tempel

maastik
landskap

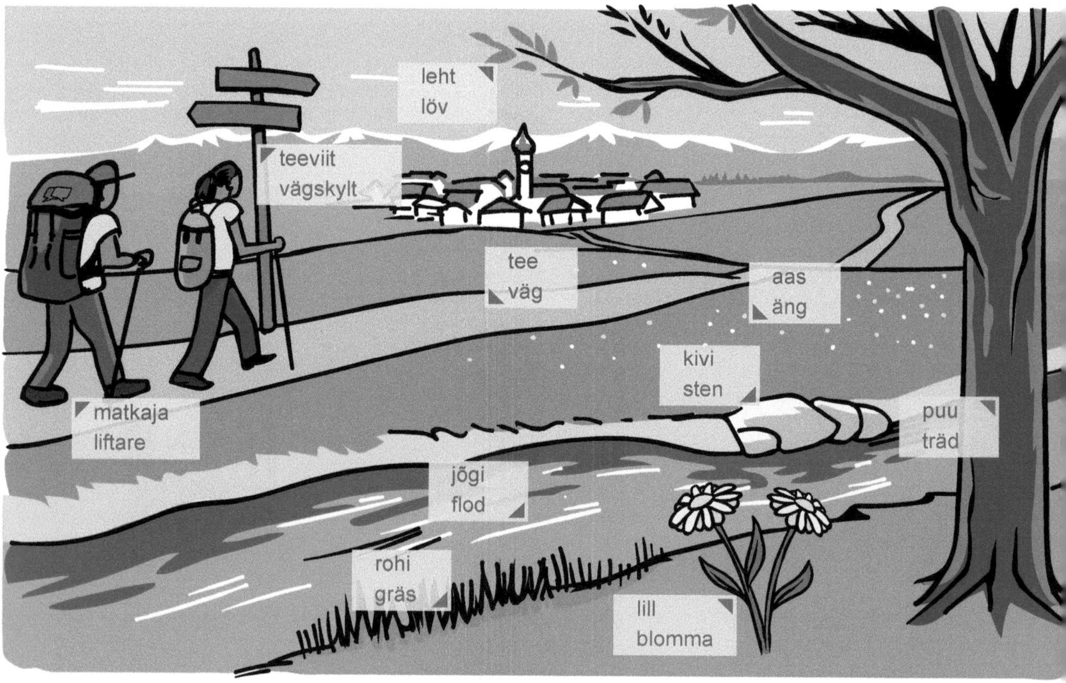

leht
löv

teeviit
vägskylt

tee
väg

aas
äng

kivi
sten

puu
träd

matkaja
liftare

jõgi
flod

rohi
gräs

lill
blomma

org
....
dal

mägi
....
kulle

järv
....
sjö

mets
....
skog

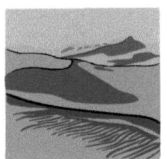

kõrb
....
öken

vulkaan
....
vulkan

linnus
....
slott

vikerkaar
....
regnbåge

seen
....
svamp

palm
....
palm

sääsk
....
mygga

kärbes
....
fluga

sipelgas
....
myra

mesilane
....
bi

ämblik
....
spindel

mardikas

skalbagge

konn

groda

orav

ekorre

siil

igelkott

jänes

hare

öökull

uggla

lind

fågel

luik

svan

metssiga

vildsvin

hirv

rådjur

põder

älg

pais

damm

tuuleturbiin

vindkraftverk

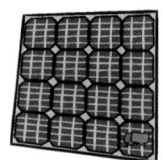

päikesepaneel

solcellspanel

kliima

klimat

restoran
restaurang

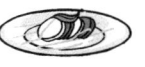

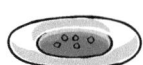

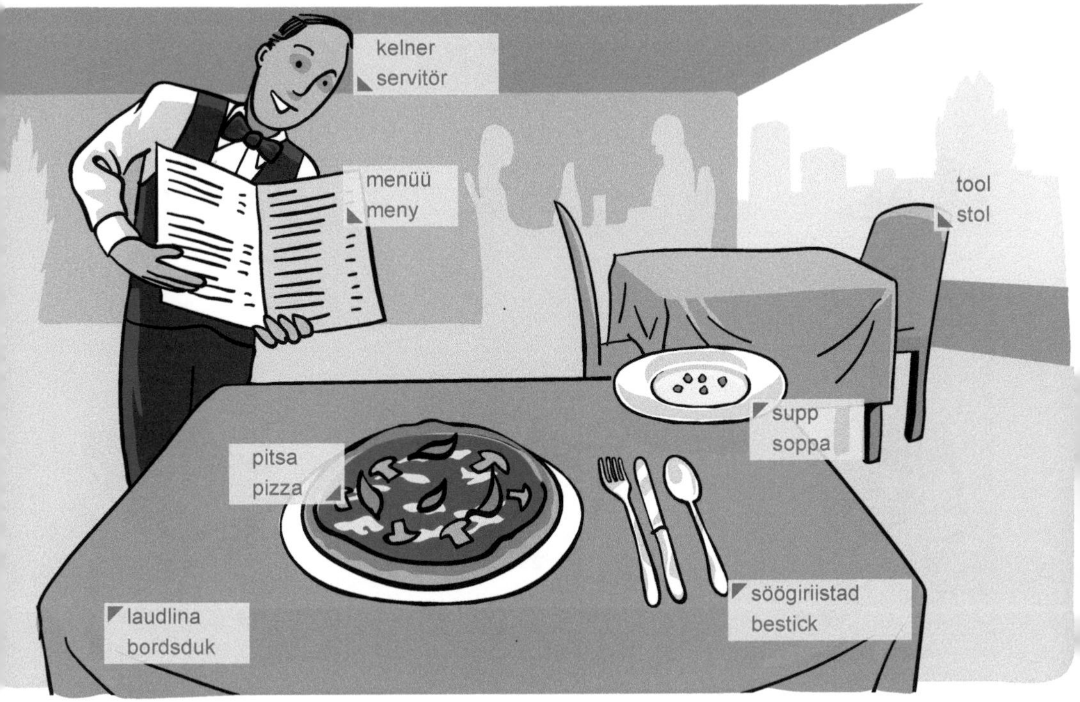
kelner
servitör
menüü
meny
tool
stol
supp
soppa
pitsa
pizza
laudlina
bordsduk
söögiriistad
bestick

eelroog

förrätt

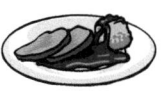

pearoog

huvudrätt

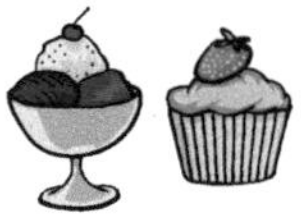

magustoit

dessert

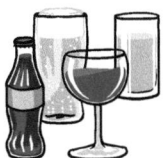

joogid

drycker

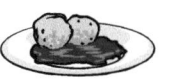

toit

mat

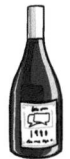

pudel

flaska

kiirtoit

snabbmat

tänavatoit

street food

teekann

tekanna

suhkrutoos

sockerskål

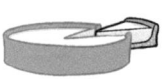

portsjon

portion

espressomasin

espressomaskin

lastetool

barnstol

arve

räkning

kandik

bricka

nuga

kniv

kahvel

gaffel

lusikas

sked

teelusikas

tesked

salvrätik

servett

klaas

glas

restoran - restaurang

taldrik
tallrik

supitaldrik
sopptallrik

alustass
tefat

kaste
sås

soolatoos
saltkar

pipraveski
pepparkvarn

äädikas
vinäger

õli
olja

vürtsid
kryddor

ketšup
ketchup

sinep
senap

majonees
majonnäs

supermarket
stormarknad

eripakkumine
specialerbjudande
klient
kund
FOR
piimatooted
mejeriprodukter
puuviljad
frukt
ostukäru
varukorg

BUTCHERS

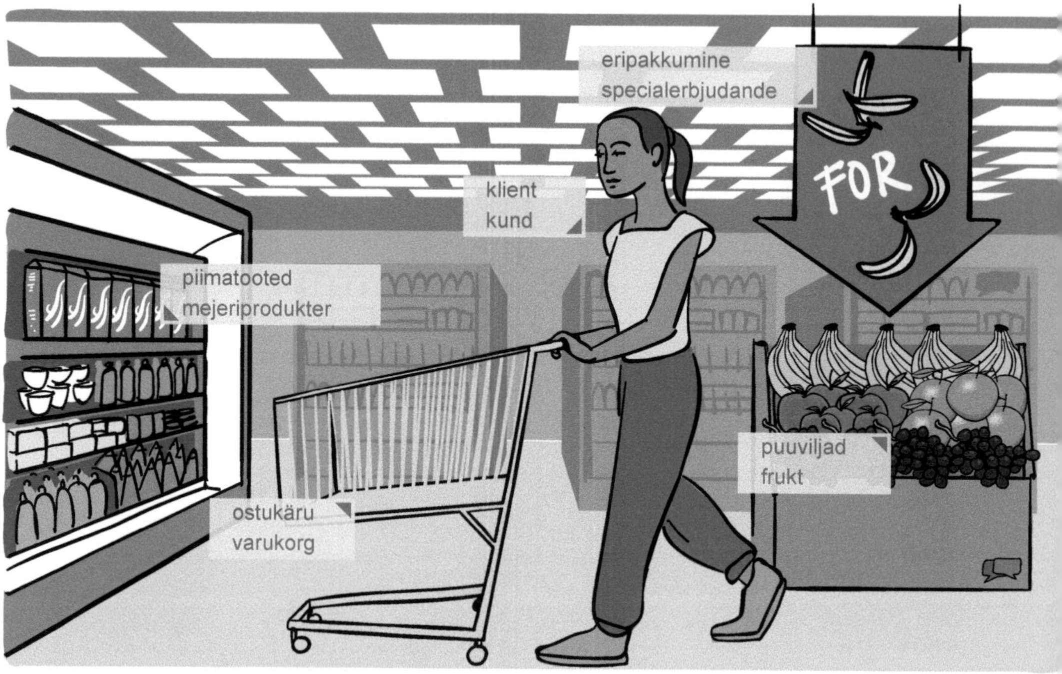

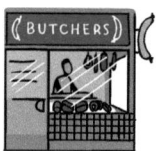

lihapood
charkuteri

BAKERY

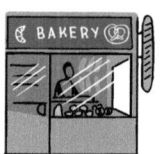

pagariäri
bageri

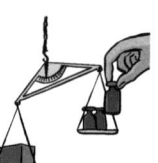

kaaluma
väga

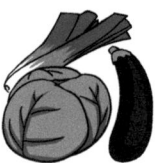

köögiviljad
grönsaker

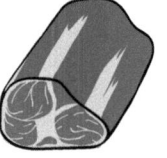

liha
kött

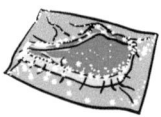

külmutatud toit
frysta livsmedel

lihalõigud

pålägg

konservid

konserver

pesupulber

tvättmedel

maiustused

godis

majatarbed

hushållsprodukter

puhastustooted

rengöringsmedel

müüja

försäljare

kassaaparaat

kassa

kassapidaja

kassör

ostunimekiri

inköpslista

lahtiolekuajad

öppettider

rahakott

plånbok

krediitkaart

kreditkort

kott

väska

kilekott

plastpåse

supermarket - stormarknad 21

vesi

vatten

mahl

juice

piim

mjölk

koola

cola

vein

vin

õlu

öl

alkohol

alkohol

kakao

kakao

tee

te

kohv

kaffe

espresso

espresso

cappuccino

cappuccino

banaan

banan

õun

äpple

apelsin

apelsin

arbuus

melon

sidrun

citron

porgand

morot

küüslauk

vitlök

bambus

bambu

sibul

lök

seen

svamp

pähklid

nötter

nuudlid

nudlar

spagetid

spaghetti

riis

ris

salat

sallad

friikartulid

pommes frites

praekartulid

stekt potatis

pitsa

pizza

hamburger

hamburgare

võileib

smörgås

šnitsel

schnitzel

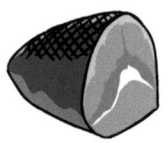

sink

skinka

salaami

salami

vorst

korv

kana

kyckling

praeliha

stek

kala

fisk

kaerahelbed

havregryn

müsli

müsli

maisihelbed

cornflakes

jahu

mjöl

sarvesai

croissant

kukkel

fralla

leib

bröd

röstsai

rostat bröd

küpsised

kex

või

smör

kohupiim

kvarg

kook

kaka

muna

ägg

praemuna

stekt ägg

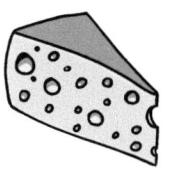

juust

ost

jäätis
glass

suhkur
socker

mesi
honung

moos
sylt

pähklivõie
nougatkräm

karri
curry

talu
bondgård

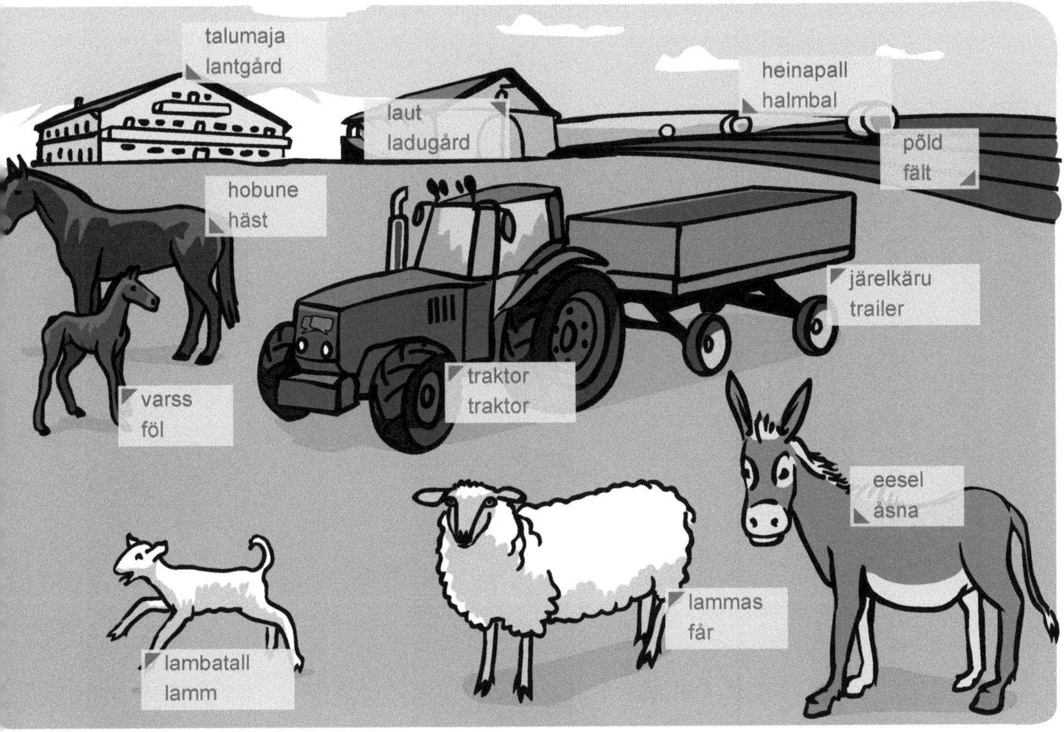
talumaja
lantgård
laut
ladugård
heinapall
halmbal
põld
fält
hobune
häst
järelkäru
trailer
varss
föl
traktor
traktor
eesel
åsna
lammas
får
lambatall
lamm

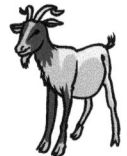

kits

get

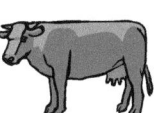

lehm

ko

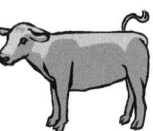

vasikas

kalv

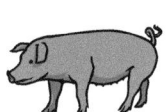

siga

gris

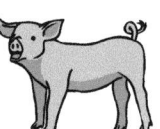

põrsas

griskulting

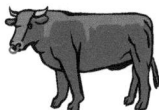

pull

tjur

hani

gås

part

anka

tibu

kyckling

kana

höna

kukk

tupp

rott

råtta

kass

katt

hiir

mus

härg

oxe

koer

hund

koerakuut

hundkoja

aiavoolik

trädgårdsslang

kastekann

vattenkanna

vikat

lie

ader

plog

sirp

skära

kõblas

hacka

hang

högaffel

kirves

yxa

käru

skottkärra

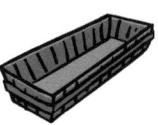

küna

tråg

piimanõu

mjölkflaska

kott

säck

tara

staket

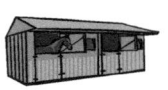

tall

stall

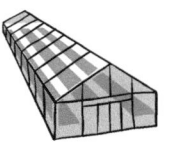

kasvuhoone

växthus

muld

jord

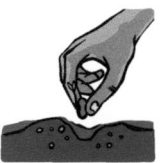

seeme

säd

väetis

gödsel

kombain

skördetröska

talu - bondgård

saaki koristama
skörda

saagikoristus
skörd

jamss
jams

nisu
vete

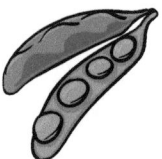

soja
soja

kartul
potatis

mais
majs

raps
raps

viljapuu
fruktträd

maniokk
maniok

teravili
spannmål

30   talu - bondgård

maja
hus

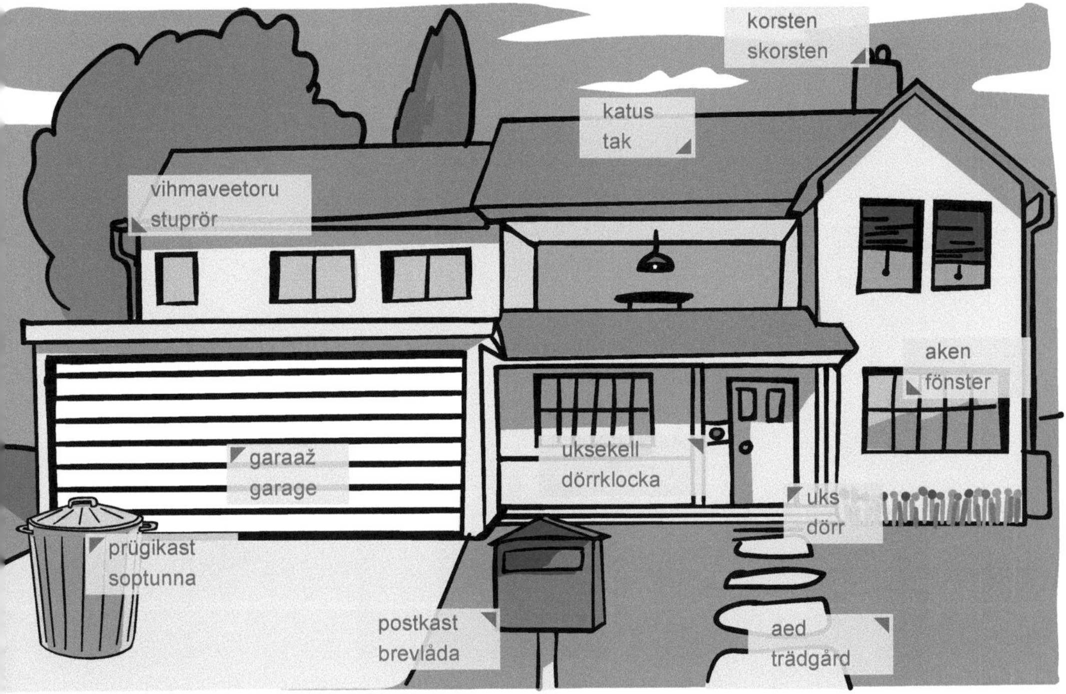
korsten
skorsten
katus
tak
vihmaveetoru
stuprör
aken
fönster
garaaž
garage
uksekell
dörrklocka
uks
dörr
prügikast
soptunna
postkast
brevlåda
aed
trädgård

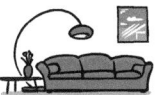

elutuba

vardagsrum

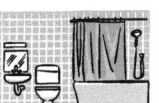

vannituba

badrum

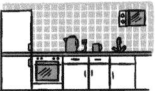

köök

kök

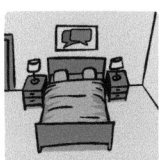

magamistuba

sovrum

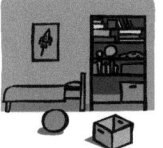

lastetuba

barnrum

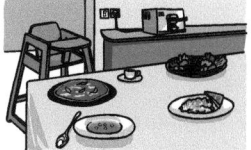

söögituba

matsal

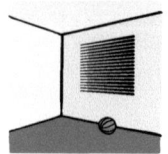

põrand
golv

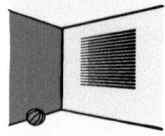

sein
vägg

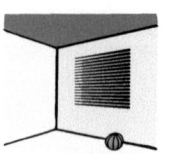

lagi
tak

kelder
källare

saun
bastu

rõdu
balkong

terrass
terrass

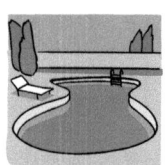

bassein
bassäng

muruniiduk
gräsklippare

voodilina
lakan

päevatekk
överkast

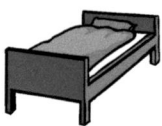

voodi
säng

luud
kvast

ämber
hink

lüliti
strömbrytare

tapeet
tapet

pilt
bild

lamp
lampa

riiul
hylla

kapp
skåp

kamin
eldstad

televiisor
TV

lill
blomma

padi
kudde

diivan
soffa

vaas
vas

kaugjuhtimispult
fjärrkontroll

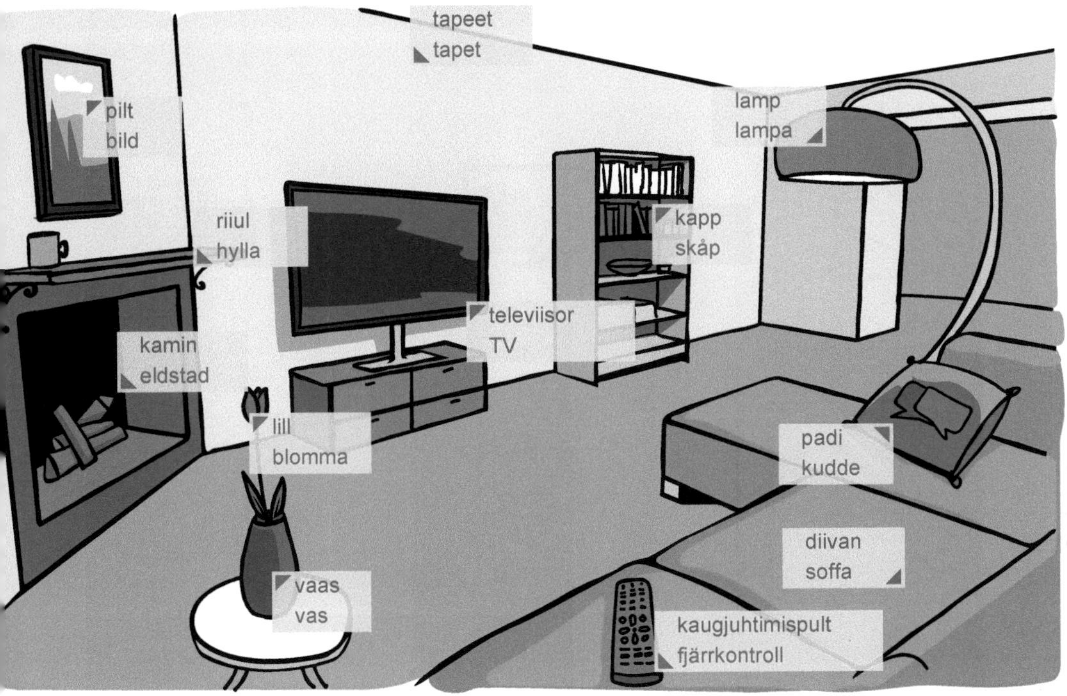

vaip
matta

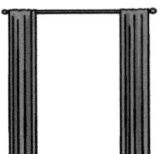

kardin
gardin

laud
bord

tool
stol

kiiktool
gungstol

tugitool
fåtölj

elutuba - vardagsrum

33

raamat
bok

tekk
filt

kaunistus
dekoration

küttepuud
vedträ

film
film

helisüsteem
stereoanläggning

võti
nyckel

ajaleht
dagstidning

maal
målning

plakat
poster

raadio
radio

märkmik
anteckningsbok

tolmuimeja
dammsugare

kaktus
kaktus

küünal
stearinljus

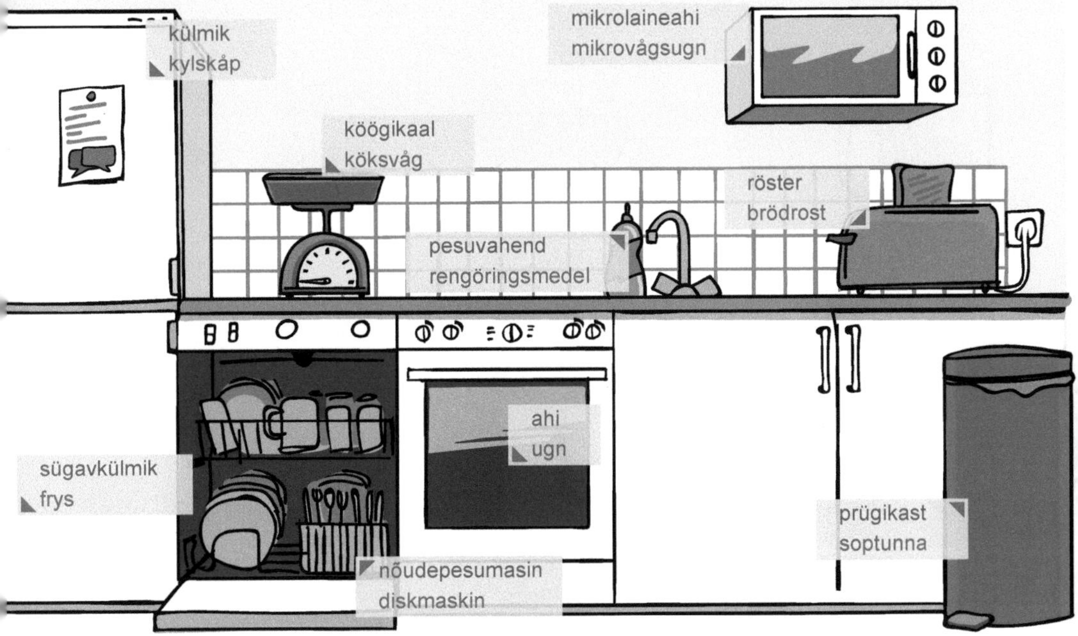

külmik
kylskåp

mikrolaineahi
mikrovågsugn

köögikaal
köksvåg

röster
brödrost

pesuvahend
rengöringsmedel

sügavkülmik
frys

ahi
ugn

prügikast
soptunna

nõudepesumasin
diskmaskin

pliit
spis

pott
kastrull

malmpott
järngryta

vokkpann
wok / kadai

pann
stekpanna

veekeetja
vattenkokare

aurutaja

ångkokare

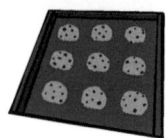

küpsetusplaat

bakplåt

lauanõud

porslin

kruus

mugg

kauss

skål

söögipulgad

ätpinnar

kulp

soppslev

pannilabidas

stekspade

vispel

visp

kurn

durkslag

sõel

sil

riiv

rivjärn

uhmer

mortel

grill

grill

lahtine tuli

brasa

köök - kök

lõikelaud

skärbräda

tainarull

kavel

korgitser

korkskruv

konservipurk

burk

konserviavaja

burköppnare

pajakinnas

grytlapp

kraanikauss

vask

hari

borste

pesukäsn

svamp

kannmikser

mixer

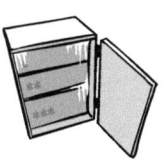

sügavkülmuti

frys

lutipudel

nappflaska

segisti

kran

köök - kök

37

vannituba
badrum

düšš
dusch
küte
värme
käterätik
handduk
dušikardin
duschdraperi
mullivann
bubbelbad
vann
badkar
klaas
glas
pesumasin
tvättmaskin
segisti
kran
plaadid
kakel
pissipott
potta
kraanikauss
vask

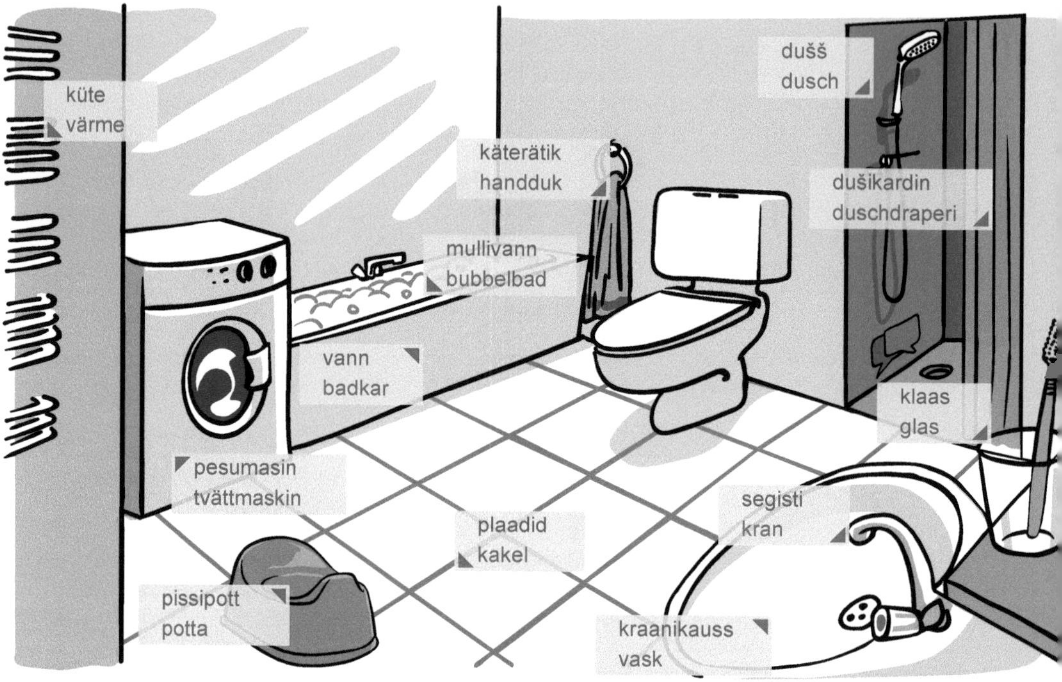

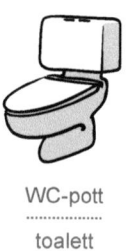

WC-pott

toalett

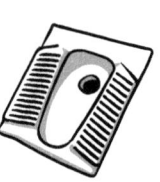

kükitamistualett

låg toalett

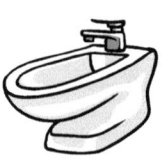

bidee

bidet

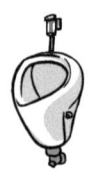

pissuaar

pissoar

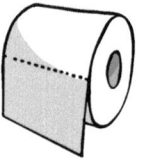

tualettpaber

toalettpapper

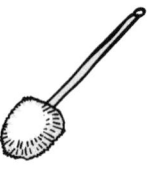

WC-hari

toalettborste

hambahari

tandborste

hambapasta

tandkräm

hambaniit

tandtråd

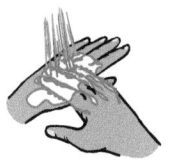

pesema

tvätta

käsidušš

handdusch

intiimdušš

intimdusch

pesukauss

handfat

seljahari

ryggborste

seep

tvål

dušigeel

duschgel

šampoon

schampo

vamm

trasa

äravool

avlopp

kreem

crème

deodorant

deodorant

peegel
spegel

käsipeegel
handspegel

habemenuga
rakhyvel

raseerimisvaht
raklödder

habemevesi
rakvatten

kamm
kam

hari
borste

föön
hårtork

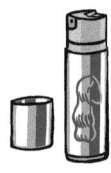

juukselakk
hårspray

meigikomplekt
smink

huulepulk
läppstift

küünelakk
nagellack

vatt
bomullsvadd

küünekäärid
nagelsax

parfüüm
parfym

tualett-tarvete kott
....
necessär

taburet
....
pall

kaal
....
våg

hommikumantel
....
badrock

kummikindad
....
gummihandskar

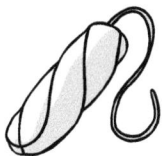

tampoon
....
tampong

hügieeniside
....
binda

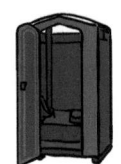

keemiline tualett
....
kemisk toalett

lastetuba

barnrum

äratuskell
väckarklocka
pehme mänguasi
gosedjur
mänguauto
leksaksbil
kõristi
skallra
nukumaja
dockhus
kingitus
present

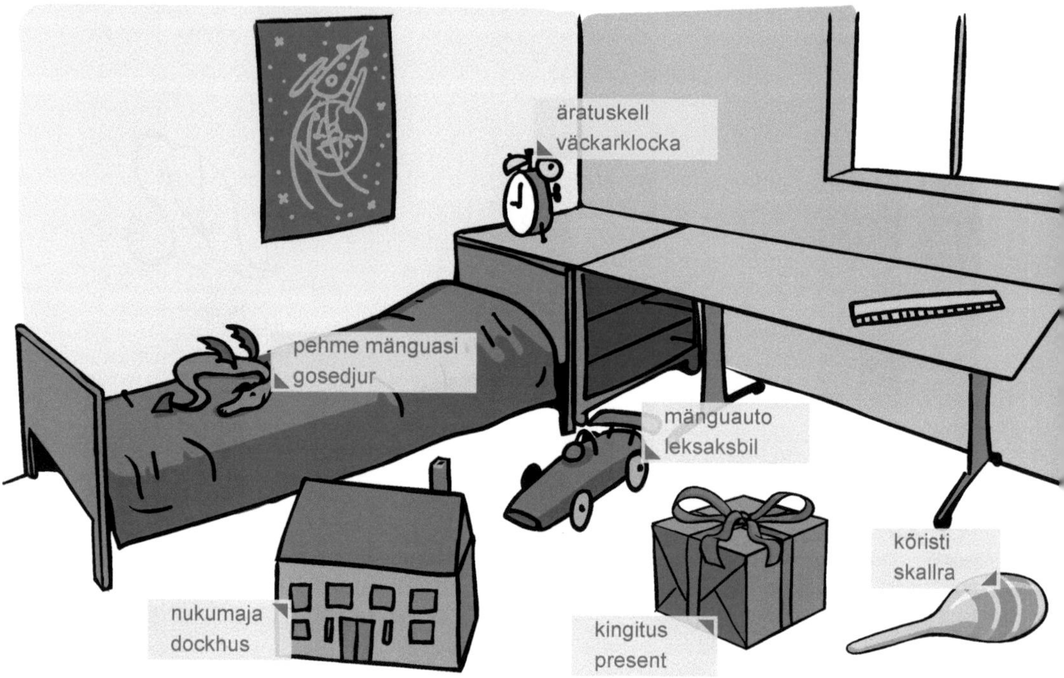

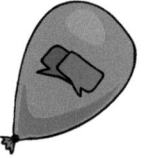

õhupall
ballong

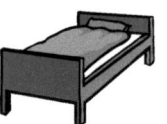

voodi
säng

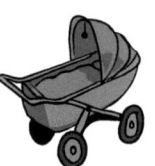

lapsevanker
barnvagn

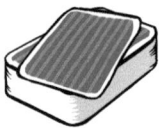

kaardipakk
kortlek

pusle
pussel

SUPER
MEGA

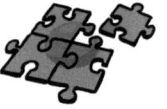

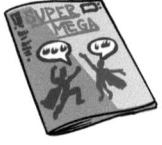

koomiks
serietidning

Lego klotsid

legobitar

klotsid

klossar

kujuke

actionfigur

siputuspüksid

sparkdräkt

lendav taldrik

frisbee

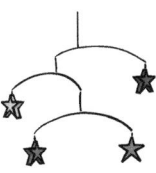

voodikarussell

mobil

lauamäng

brädspel

täringud

tärning

mudelrong

modelljärnväg

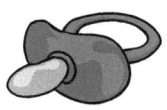

lutt

napp

pidu

party

pildiraamat

bilderbok

pall

boll

nukk

docka

mängima

spela

liivakast

sandlåda

kiik

gunga

mänguasjad

leksaker

mängukonsool

spelkonsol

kolmerattaline jalgratas

trehjuling

mängukaru

nalle

riidekapp

garderob

riietus
kläder

sokid

sockar

sukad

strumpor

sukkpüksid

tights

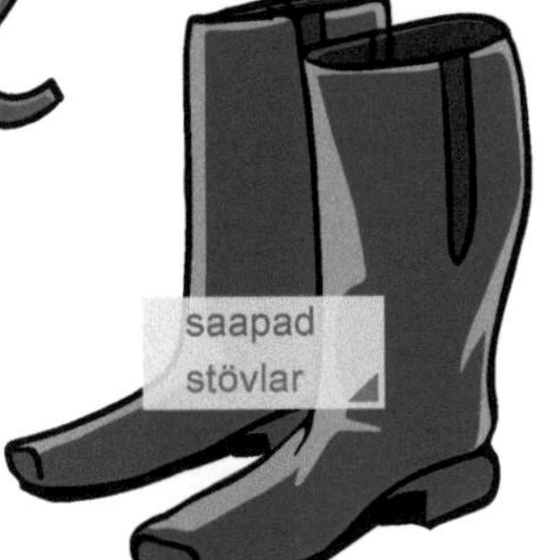

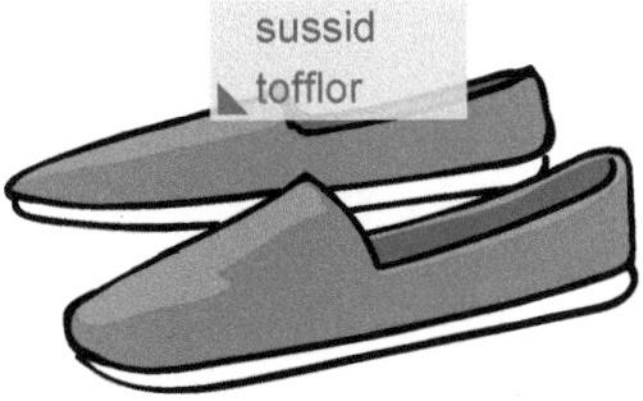

sall
halsduk

vihmavari
paraply

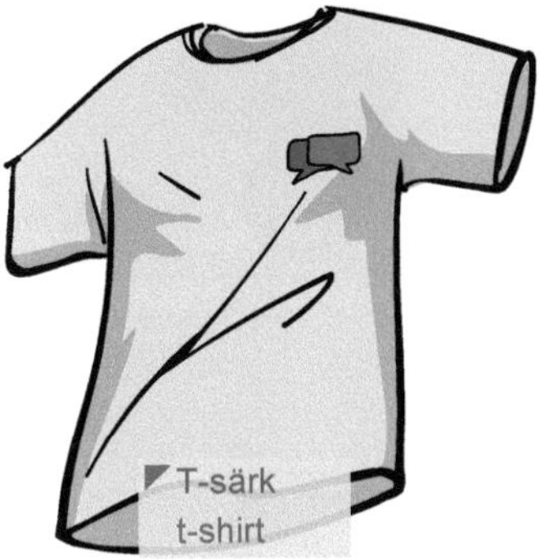

T-särk
t-shirt

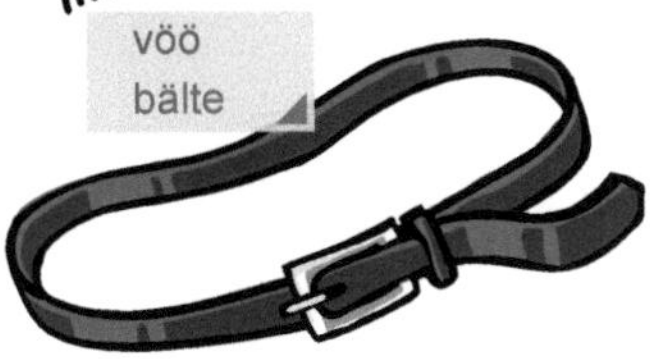

vöö
bälte

saapad
stövlar

sussid
tofflor

tossud
sneakers

sandaalid
sandaler

jalatsid
skor

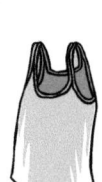

kummikud
gummistövlar

aluspüksid
underbyxor

rinnahoidja
BH

vest
linne

bodi

body

püksid

byxor

teksapüksid

jeans

seelik

kjol

pluus

blus

särk

skjorta

sviiter

pullover

dressipluus

sweater

bleiser

blazer

jakk

jacka

mantel

kappa

vihmamantel

regnjacka

kostüüm

dräkt

kleit

klänning

pulmakleit

bröllopsklänning

ülikond

kostym

öösärk

nattlinne

pidžaama

pyjamas

sari

sari

pearätt

slöja

turban

turban

burka

burka

kaftan

kaftan

abayah

abaya

ujumistrikoo

baddräkt

ujumispüksid

badbyxor

lühikesed püksid

shorts

dressid

träningsoverall

põll

förkläde

kindad

handskar

nööp
knapp

prillid
glasögon

käevõru
armband

kaelakee
halsband

sõrmus
ring

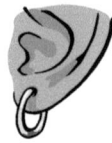

kõrvarõngas
örhänge

nokamüts
mössa

riidepuu
galge

kaabu
hatt

lips
slips

tõmblukk
dragkedja

kiiver
hjälm

traksid
hängslen

koolivorm
skoluniform

vormirõivad
uniform

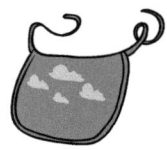

pudipõll

haklapp

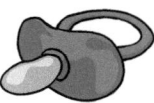

lutt

napp

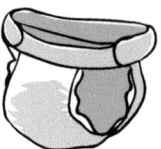

mähe

blöja

kontor

kontor

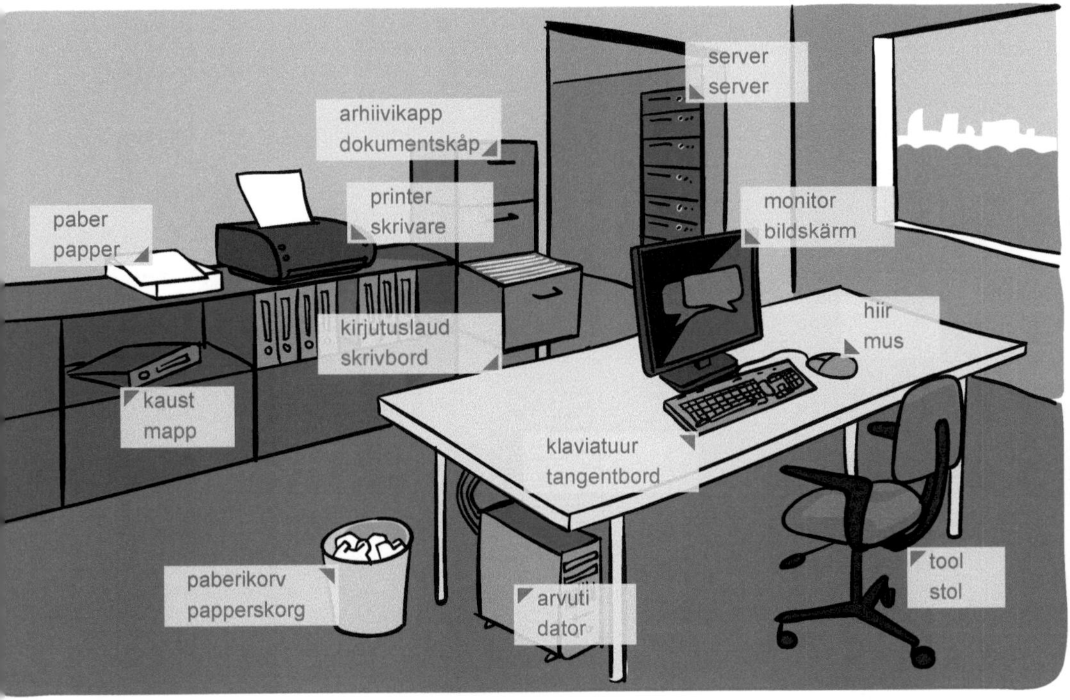
server
server
arhiivikapp
dokumentskåp
printer
skrivare
paber
papper
monitor
bildskärm
hiir
mus
kirjutuslaud
skrivbord
kaust
mapp
klaviatuur
tangentbord
paberikorv
papperskorg
arvuti
dator
tool
stol

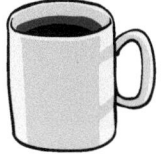

kohvikruus

kaffemugg

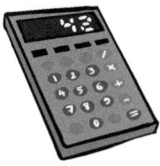

kalkulaator

miniräknare

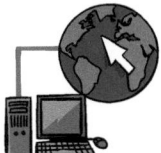

internet

internet

süleaarvuti

bärbar dator

kiri

brev

sõnum

meddelande

mobiiltelefon

mobiltelefon

võrk

nätverk

koopiamasin

kopieringsapparat

tarkvara

programvara

telefon

telefon

pistikupesa

vägguttag

faksimasin

fax

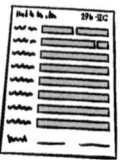

vorm

blankett

dokument

dokument

ostma

köpa

maksma

betala

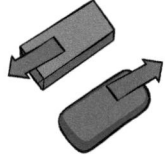

vahetama

handla

raha

pengar

dollar

dollar

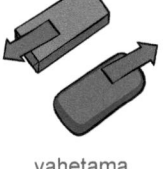

euro

euro

jeen

yen

rubla

rubel

Šveitsi frank

schweizisk franc

renminbi jüaan

renminbi yan

ruupia

rupie

sularahaautomaat

bankomat

valuutavahetuspunkt

växelkontor

kuld

guld

hõbe

silver

nafta

olja

energia

energi

hind

pris

leping

kontrakt

maks

skatt

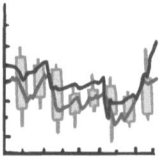

aktsia

aktie

töötama

arbeta

töötaja

anställd

tööandja

arbetsgivare

tehas

fabrik

kauplus

affär

ametid
yrken

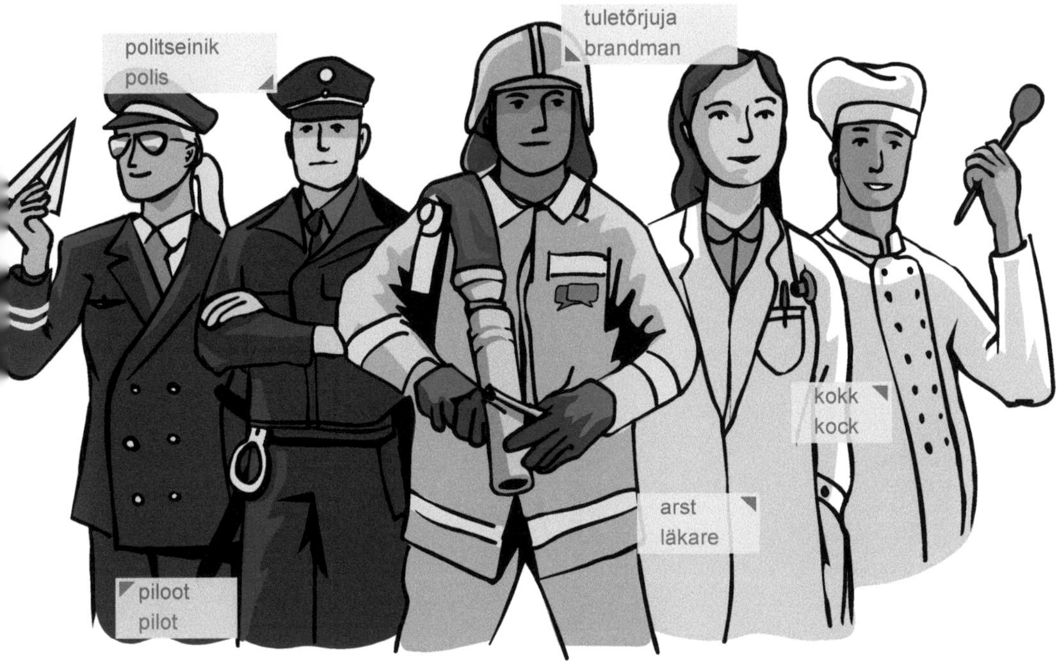
tuletõrjuja
brandman
politseinik
polis
kokk
kock
arst
läkare
piloot
pilot

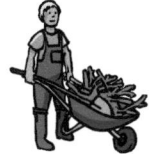

aednik

trädgårdsmästare

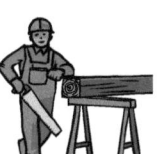

puusepp

snickare

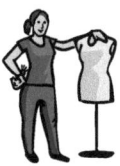

õmbleja

sömmerska

kohtunik

domare

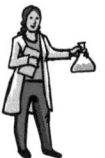

keemik

kemist

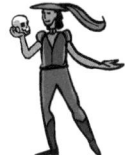

näitleja

skådespelare

bussijuht

busschaufför

taksojuht

taxichaufför

kalamees

fiskare

koristaja

städerska

katusepaigaldaja

takläggare

kelner

servitör

jahimees

jägare

maaler

målare

pagar

bagare

elektrik

elektriker

ehitaja

byggarbetare

insener

ingenjör

lihunik

slaktare

torumees

rörmokare

postiljon

brevbärare

sõdur

soldat

arhitekt

arkitekt

kassapidaja

kassör

lillemüüja

florist

juuksur

frisör

piletikontrolör

konduktör

mehaanik

mekaniker

kapten

kapten

hambaarst

tandläkare

teadlane

vetenskapsman

rabi

rabbin

imaam

imam

munk

munk

preester

präst

tööriistad
verktyg

haamer
hammare
tangid
tång
kruvikeeraja
skruvmejsel
taskulamp
ficklampa
mutrivõti
skiftnyckel

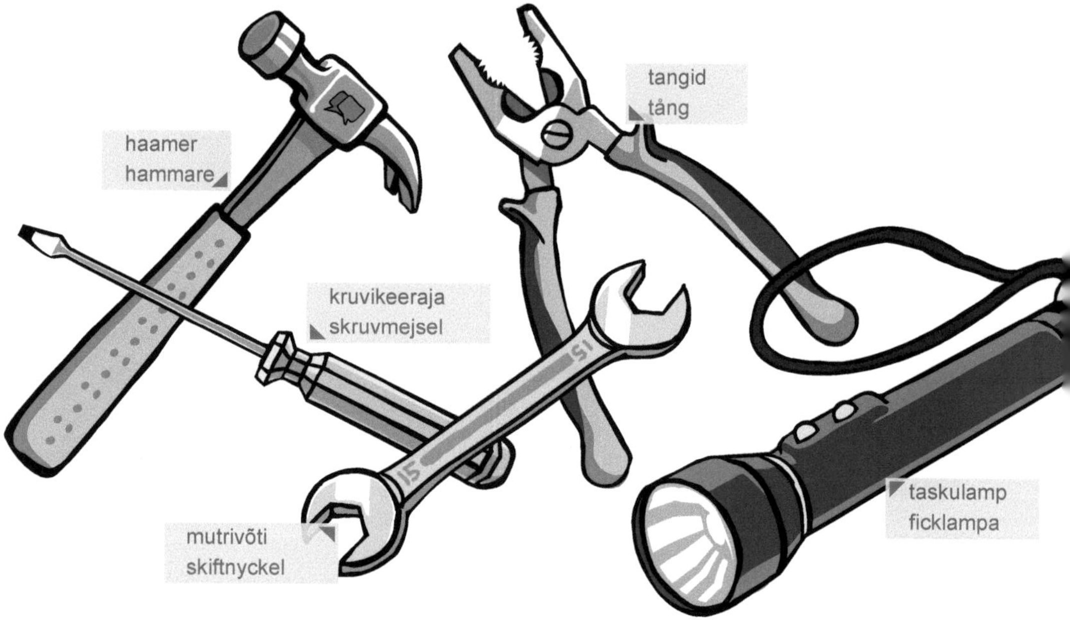

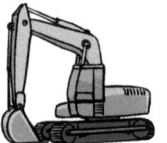

ekskavaator

grävmaskin

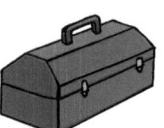

tööriistakast

verktygslåda

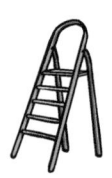

redel

stege

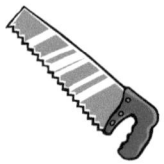

saag

såg

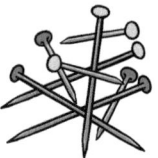

naelad

spik

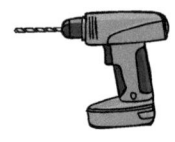

trell

borr

parandama
reparera

labidas
spade

Põrgusse!
Helvete!

kühvel
sopskyffel

värvipott
färgburk

kruvid
skruvar

pillid

musikinstrument

kõlar
högtalare

trummikomplekt
trummor

kitarr
gitarr

kontrabass
kontrabas

trompet
trumpet

klaver

piano

viiul

violin

bass

bas

timpan

timpani

trummid

trumma

süntesaator

keyboard

saksofon

saxofon

flööt

flöjt

mikrofon

mikrofon

loomaaed

zoo

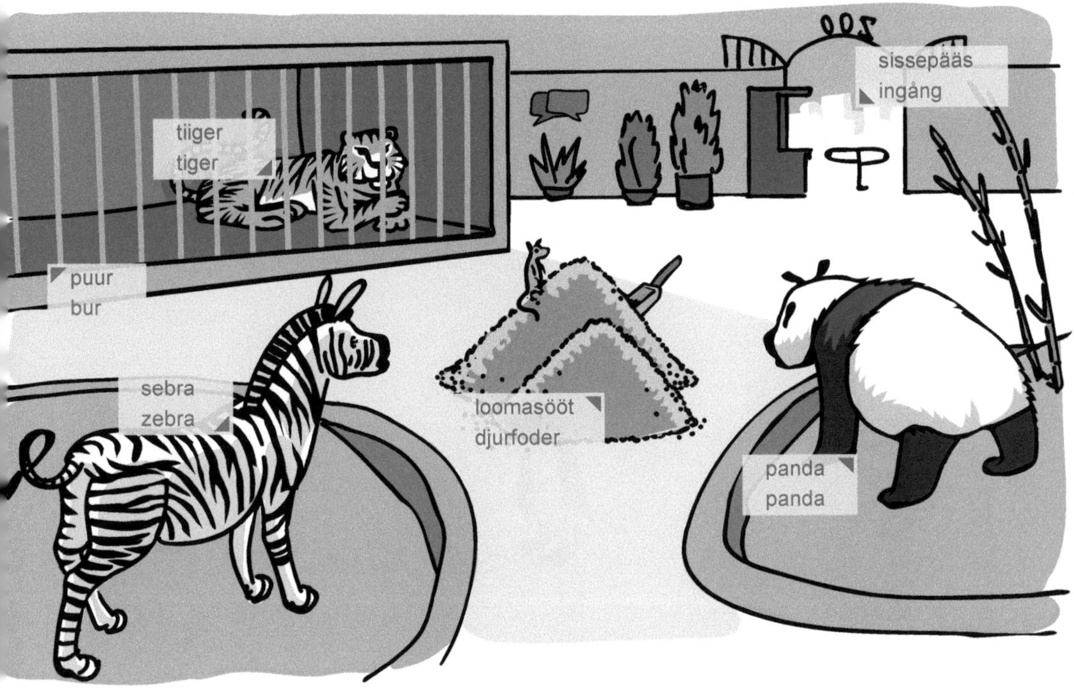

sissepääs
ingång
tiiger
tiger
puur
bur
sebra
zebra
loomasööt
djurfoder
panda
panda

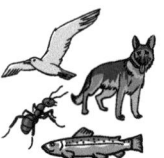

loomad
djur

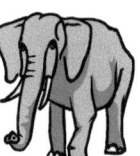

elevant
elefant

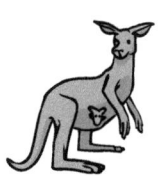

känguru
känguru

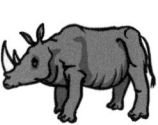

ninasarvik
noshörning

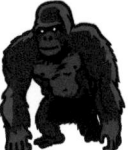

gorilla
gorilla

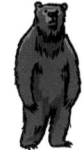

karu
björn

kaamel

kamel

jaanalind

struts

lõvi

lejon

ahv

apa

flamingo

flamingo

papagoi

papegoja

jääkaru

isbjörn

pingviin

pingvin

hai

haj

paabulind

påfågel

madu

orm

krokodill

krokodil

loomaaiatalitaja

djurskötare

hüljes

säl

jaaguar

jaguar

poni
ponny

leopard
leopard

jõehobu
flodhäst

kaelkirjak
giraff

kotkas
örn

metssiga
vildsvin

kala
fisk

kilpkonn
sköldpadda

morsk
valross

rebane
räv

gasell
gazell

Ameerika jalgpall
amerikansk fotboll

jalgrattasõit
cykling

tennis
tennis

korvpall
basket

ujumine
simning

poksimine
boxning

jäähoki
ishockey

jalgpall
....
fotboll

sulgpall
....
badminton

kergejõustik
....
friidrott

käsipall
....
handboll

suusatamine
....
skidåkning

polo
....
polo

naerma
skratta

hüppama
hoppa

kallistama
krama

jalutama
gå

laulma
sjunga

unistama
drömma

palvetama
be

suudlema
kyssa

kirjutama
skriva

joonistama
rita

näitama
visa

lükkama
skjuta

andma
ge

võtma
ta

omama

hagel

tegema

göra

olema

vara

seisma

stå

jooksma

springa

tõmbama

dra

viskama

kasta

kukkuma

falla

lamama

ligga

ootama

vänta

kandma

bära

istuma

sitta

riidesse panema

klä på

magama

sova

ärkama

vakna

vaatama
se på

nutma
gråta

paitama
smeka

kammima
kamma

rääkima
prata

aru saama
förstå

küsima
fråga

kuulama
höra

jooma
dricka

sööma
äta

korrastama
städa

armastama
älska

süüa tegema
laga mat

sõitma
köra

lendama
flyga

purjetama

segla

arvutama

räkna

lugema

läsa

õppima

lära sig

töötama

arbeta

abielluma

gifta sig

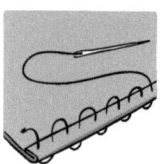

õmblema

sy

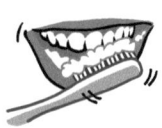

hambaid pesema

borsta tänderna

tapma

döda

suitsetama

röka

saatma

skicka

perekond
familj

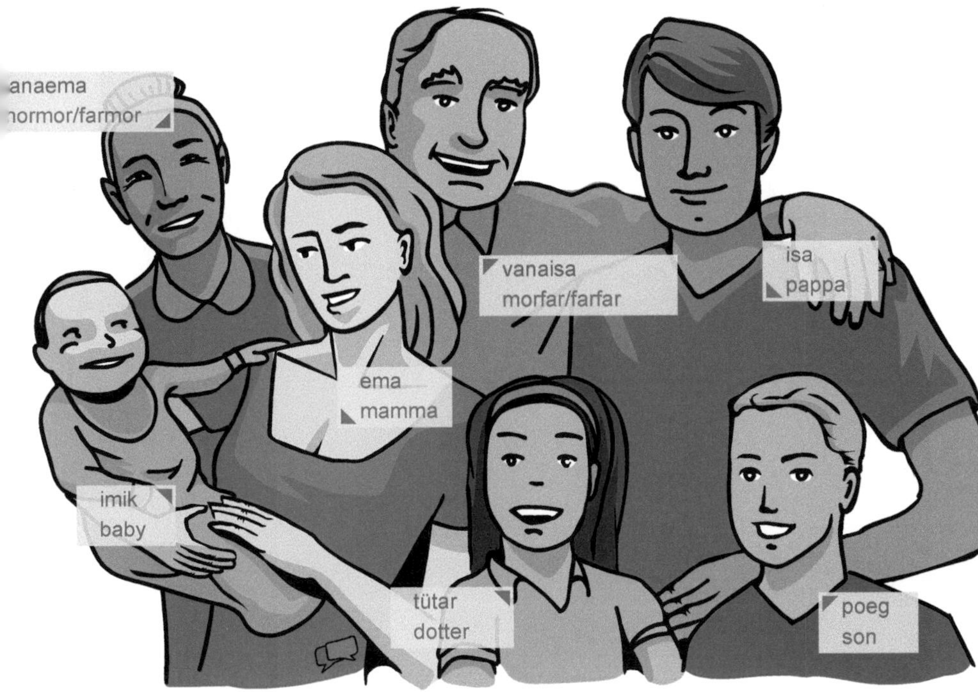
anaema
ormor/farmor
vanaisa
morfar/farfar
isa
pappa
ema
mamma
imik
baby
tütar
dotter
poeg
son

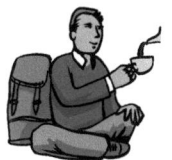

külaline

gäst

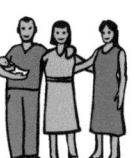

tädi

moster/faster

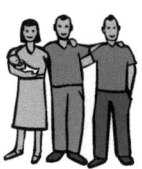

onu

farbror/morbror

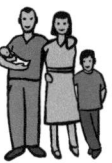

vend

bror

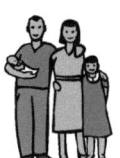

õde

syster

keha
kropp

otsmik
panna
silm
öga
õlg
skuldra
sõrm
finger
nägu
ansikte
lõug
haka
käsi
hand
jalg
ben
rind
bröst
käsivars
arm

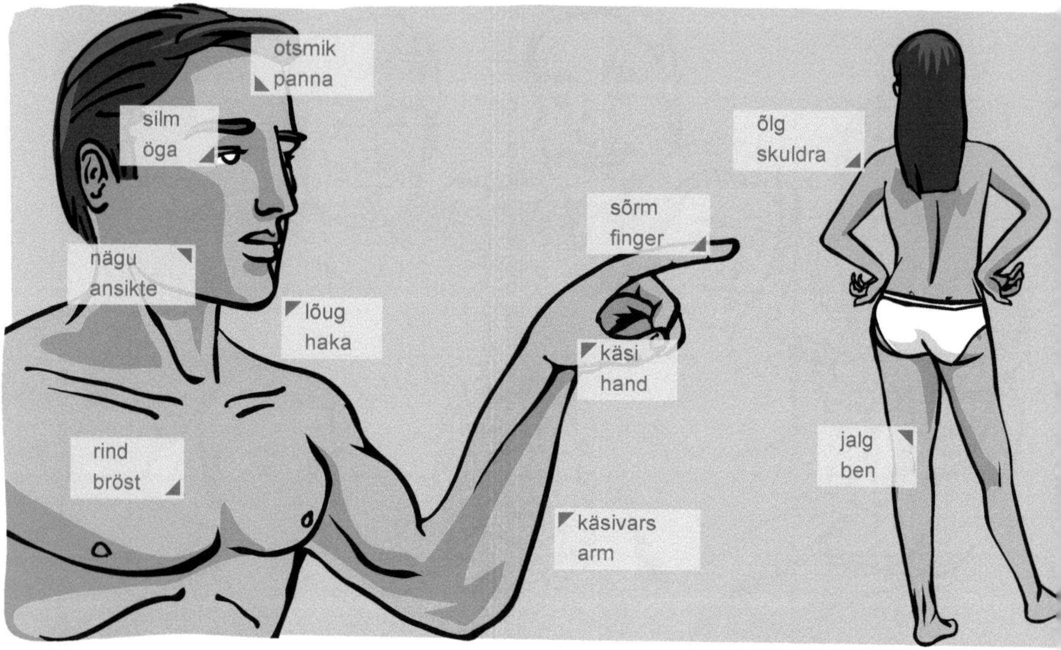

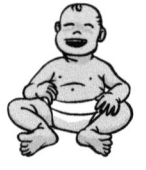

imik
baby

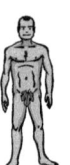

mees
man

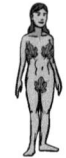

naine
kvinna

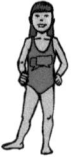

tüdruk
flicka

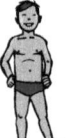

poiss
pojke

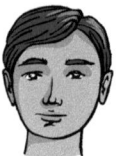

pea
huvud

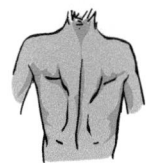

selg
....
rygg

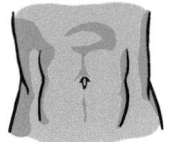

kõht
....
mage

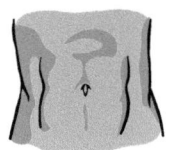

naba
....
navel

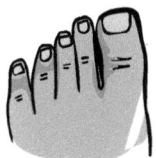

varvas
....
tå

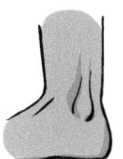

kand
....
häl

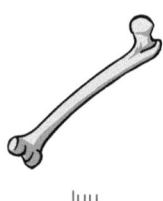

luu
....
ben

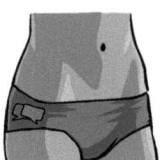

puus
....
höft

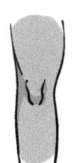

põlv
....
knä

küünarnukk
....
armbåge

nina
....
näsa

tagumik
....
stjärt

nahk
....
hud

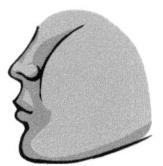

põsk
....
kind

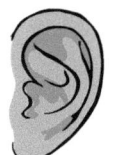

kõrv
....
öra

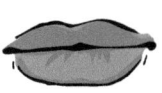

huuled
....
läpp

suu
mun

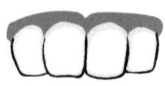

hammas
tand

keel
tunga

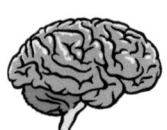

aju
hjärna

süda
hjärta

lihas
muskel

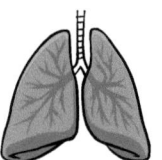

kops
lunga

maks
lever

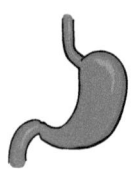

magu
magsäck

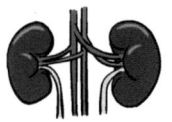

neerud
njurar

seksuaalvahekord
sex

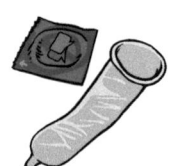

kondoom
kondom

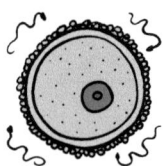

munarakk
äggcell

sperma
sperma

rasedus
graviditet

keha - kropp

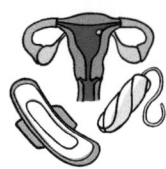

menstruatsioon

menstruation

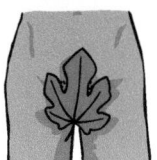

vagiina

vagina

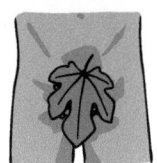

peenis

penis

kulm

ögonbryn

juuksed

hår

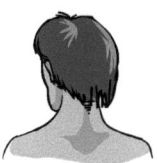

kael

nacke

haigla
sjukhus

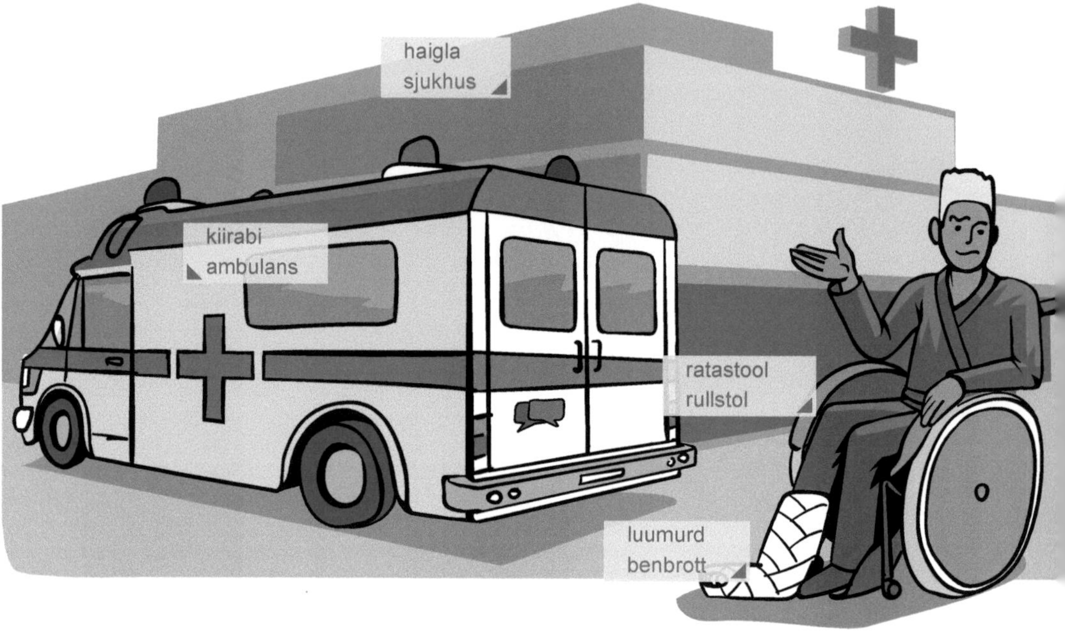

haigla
sjukhus
kiirabi
ambulans
ratastool
rullstol
luumurd
benbrott

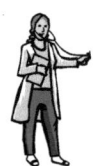

arst
läkare

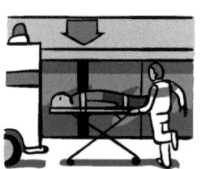

traumapunkt
akutmottagning

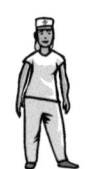

meditsiiniõde
sjuksköterska

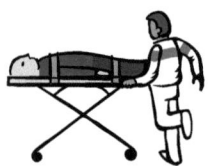

hädaolukord
nödsituation

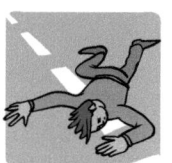

teadvuseta
medvetslös

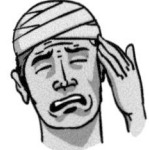

valu
smärta

vigastus

skada

verejooks

blödning

südamerabandus

hjärtattack

insult

slaganfall

allergia

allergi

köha

hosta

palavik

feber

gripp

influensa

kõhulahtisus

diarré

peavalu

huvudvärk

vähk

cancer

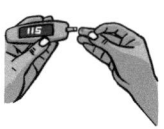

diabeet

diabetes

kirurg

kirurg

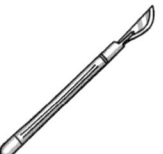

skalpell

skalpell

operatsioon

operation

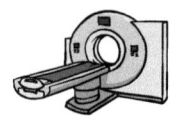

KT

CT

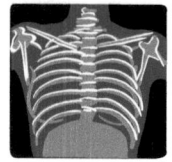

röntgen

röntgen

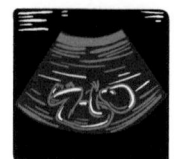

ultraheli

ultraljud

mask

ansiktsmask

haigus

sjukdom

ooteruum

väntsal

kark

krycka

kips

plåster

side

bandage

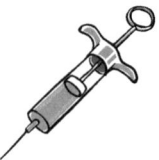

süst

injektion

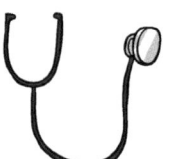

stetoskoop

stetoskop

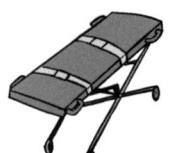

kanderaam

bår

kraadiklaas

termometer

sünd

födsel

ülekaaluline

övervikt

kuuldeaparaat

hörapparat

desinfektsioonivahend

desinfektionsmedel

põletik

infektion

viirus

virus

HIV / AIDS

HIV / AIDS

meditsiin

medicin

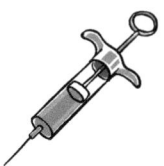

vaktsineerimine

vaccination

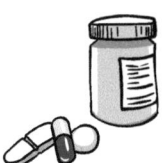

tabletid

tabletter

pill

p-piller

hädaabikõne

nödsamtal

vererõhuaparaat

blodtrycksmätare

haige / terve

sjuk / frisk

Appi!

Hjälp!

häire

alarm

kallaletung

överfall

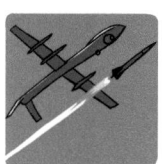

rünnak

misshandel

oht

fara

avariiväljapääs

nödutgång

Tulekahju!

Det brinner!

tulekustuti

brandsläckare

õnnetus

olycka

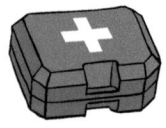

esmaabikomplekt

förbandslåda

SOS

SOS

politsei

polis

Euroopa

Europa

Põhja-Ameerika

Nordamerika

Lõuna-Ameerika

Sydamerika

Aafrika

Afrika

Aasia

Asien

Austraalia

Australien

Atlandi ookean

Atlanten

Vaikne ookean

Stilla Havet

India ookean

Indiska Oceanen

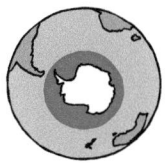

Lõuna-Jäämeri

Antarktiska Oceanen

Põhja-Jäämeri

Arktiska Oceanen

põhjapoolus

Nordpol

lõunapoolus
Sydpol

Antarktika
Antarktis

Maa
Jorden

maismaa
land

meri
hav

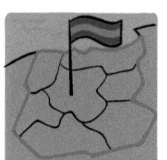

saar
ö

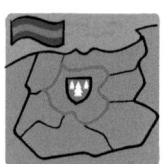

rahvus
nation

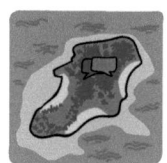

riik
stat

sihverplaat

urtavla

tunniosuti

timvisare

minutiosuti

minutvisare

sekundiosuti

sekundvisare

Mis kell on?

Vad är klockan?

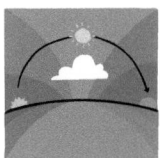

päev

dag

aeg

tid

praegu

nu

digitaalne kell

digital klocka

minut

minut

tund

timme

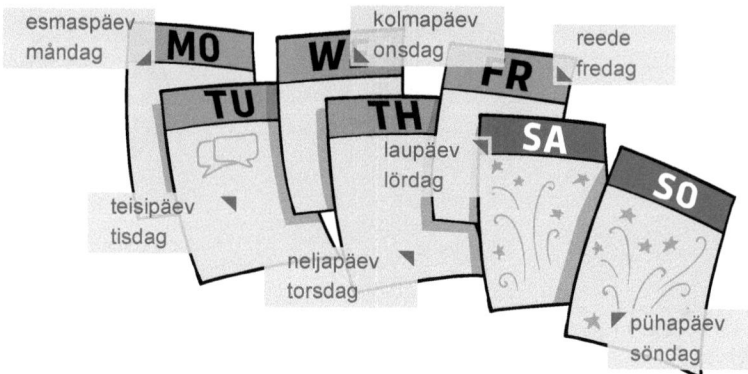

esmaspäev
måndag
kolmapäev
onsdag
reede
fredag

teisipäev
tisdag
laupäev
lördag

neljapäev
torsdag

pühapäev
söndag

eile
igår

täna
idag

homme
imorgon

hommik
morgon

lõuna
middag

õhtu
kväll

MO	TU	WE	TH	FR	SA	SU
1	2	3	4	5	6	7
8	9	10	11	12	13	14
15	16	17	18	19	20	21
22	23	24	25	26	27	28
29	30	31	1	2	3	4

tööpäevad
vardagar

MO	TU	WE	TH	FR	SA	SU
1	2	3	4	5	6	7
8	9	10	11	12	13	14
15	16	17	18	19	20	21
22	23	24	25	26	27	28
29	30	31	1	2	3	4

nädalavahetus
helg

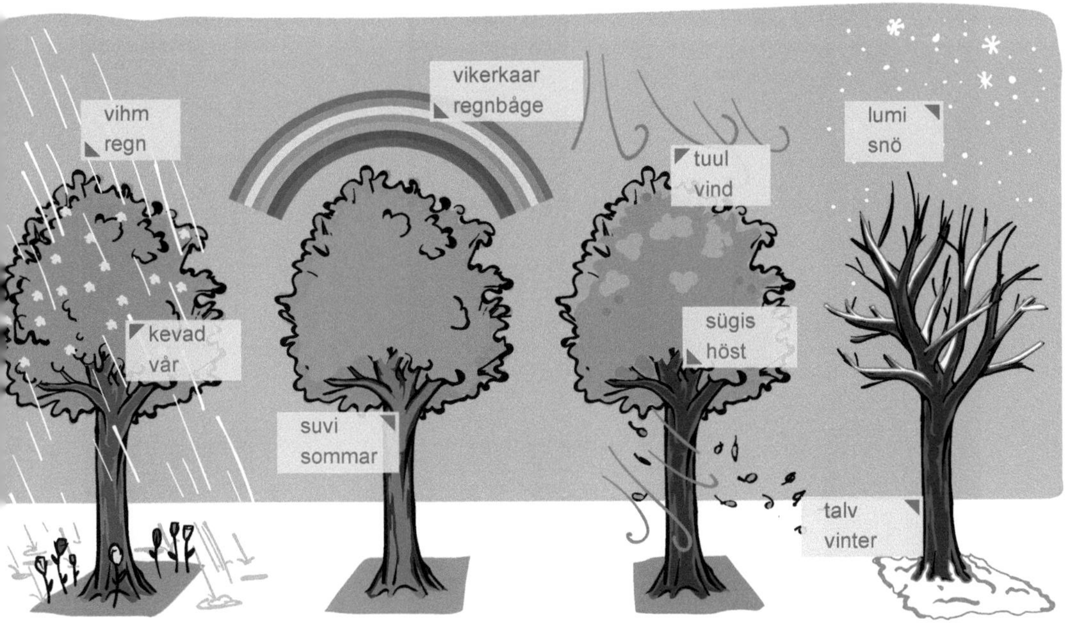

vihm
regn

vikerkaar
regnbåge

tuul
vind

lumi
snö

kevad
vår

suvi
sommar

sügis
höst

talv
vinter

4.APRIL	11°	☀
5.APRIL	4°	⛆
6.APRIL	13°	⛅
7.APRIL	8°	☀
8.APRIL	10°	☀

ilmaennustus
väderprognos

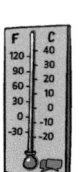

termomeeter
termometer

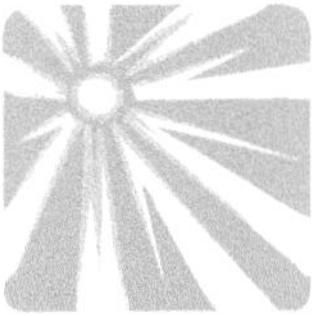

päikesepaiste
solsken

pilv
moln

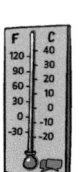

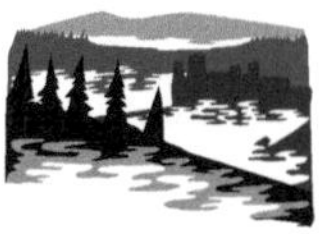

udu
dimma

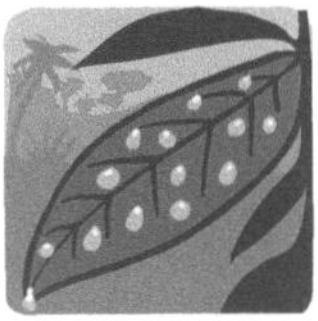

niiskus
luftfuktighet

pikne

blixt

kõu

åska

torm

storm

rahe

hagel

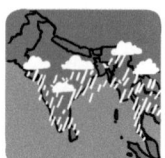

mussoon

monsun

üleujutus

översvämning

jää

is

jaanuar

januari

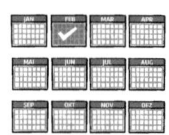

veebruar

februari

märts

mars

aprill

april

mai

maj

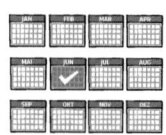

juuni

juni

juuli

juli

august

augusti

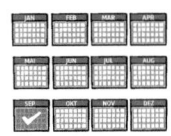

september
september

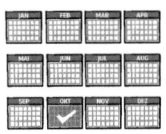

oktoober
oktober

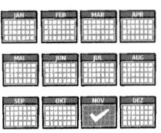

november
november

detsember
december

kujundid
former

ring
cirkel

ruut
kvadrat

nelinurk
rektangel

kolmnurk
triangel

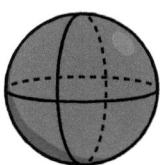

kera
sfär

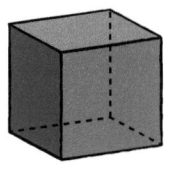

kuup
kub

valge

vit

kollane

gul

oranž

orange

roosa

rosa

punane

röd

lilla

lila

sinine

blå

roheline

grön

pruun

brun

hall

grå

must

svart

palju / vähe

mycket / lite

vihane / rahulik

arg / lugn

ilus / inetu

vacker / ful

algus / lõpp

början / slut

suur / väike

stor / liten

hele / tume

ljus / mörk

vend / õde

bror / syster

puhas / must

ren / smutsig

täielik / puudulik

komplett / ofullständig

päev / öö

dag / natt

surnud / elus

död / levande

lai / kitsas

bred / smal

söödav / mittesöödav

ätlig / oätlig

kuri / sõbralik

ond / god

põnevil / tüdinud

upphetsad / uttråkad

paks / peenike

tjock / smal

esimene / viimane

först / sist

sõber / vaenlane

vän / fiende

täis / tühi

full / tom

kõva / pehme

hård / mjuk

raske / kerge

tung / lätt

nälg / janu

hunger / törst

haige / terve

sjuk / frisk

ebaseaduslik / seaduslik

olaglig / laglig

tark / rumal

intelligent / dum

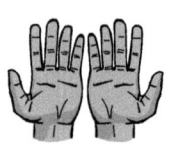

vasak / parem

vänster / höger

lähedal / kaugel

nära / långt bort

uus / kasutatud

ny / begagnad

mitte midagi / midagi

inget / något

vana / noor

gammal / ung

sees / väljas

på / av

lahti / kinni

öppen / stängd

vaikne / vali

tyst / högljudd

rikas / vaene

rik / fattig

õige / vale

rätt / fel

kare / sile

grov / slät

kurb / rõõmus

ledsen / glad

lühike / pikk

kort / lång

aeglane / kiire

långsam / snabb

märg / kuiv

våt / torr

soe / jahe

varm / sval

sõda / rahu

krig / fred

0	1	2
null	üks	kaks
noll	ett	två

3	4	5
kolm	neli	viis
tre	fyra	fem

6	7	8
kuus	seitse	kaheksa
sex	sju	åtta

9	10	11
üheksa	kümme	üksteist
nio	tio	elva

12	**13**	**14**
kaksteist	kolmteist	neliteist
tolv	tretton	fjorton

15	**16**	**17**
viisteist	kuusteist	seitseteist
femton	sexton	sjutton

18	**19**	**20**
kaheksateist	üheksateist	kakskümmend
arton	nitton	tjugo

100	**1.000**	**1.000.000**
sada	tuhat	miljon
hundra	tusen	miljon

inglise

engelska

Ameerika inglise

amerikansk engelska

mandariini

kinesisk mandarin

hindi

hindi

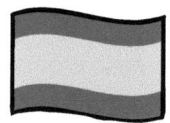

hispaania

spanska

prantsuse

franska

araabia

arabiska

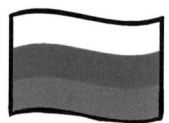

vene

ryska

portugali

portugisiska

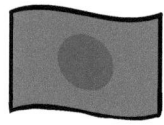

bengali

bengali

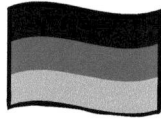

saksa

tyska

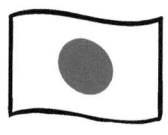

jaapani

japanska

mina

jag

sina

du

tema

han / hon / den (det)

meie

vi

teie

ni

nemad

de

kes?

vem?

mis?

vad?

kuidas?

hur?

kus?

var?

millal?

när?

nimi

namn

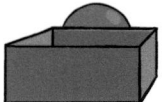

taga

bakom

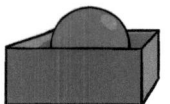

sees

i

ees

framför

kohal

över

peal

på

all

under

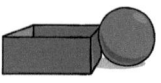

kõrval

bredvid

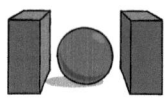

vahel

mellan

koht

plats